La légende des licornes

Novélisation : Katherine Quénot.
Conception graphique du roman : Audrey Thierry.

Hachette Livre, 43, quai de Grenelle, 75015 Paris.

My Little Pony

La légende des licornes

hachette
JEUNESSE

Twilight Sparkle

Élevée à la cour de la princesse Célestia, Twilight est une licorne très sérieuse. Dotée de pouvoirs magiques, elle se sert de sa corne comme d'une baguette ! Mais son plus grand talent, c'est de savoir tirer parti des qualités de ses amies. Toujours plongée dans un livre, la licorne est connue pour son intelligence. Elle s'intéresse à tout, en particulier à la magie et à l'amitié… Ce n'est pas son ami Spike qui dirait le contraire !

Spike le dragon

Spike est l'assistant et le meilleur ami de Twilight. Dès qu'il le peut, il aide la licorne… autrement dit : souvent !

Pinkie Pie

Pour Pinkie Pie, c'est tous les jours la fête ! On peut compter sur le poney le plus foufou d'Équestria pour mettre de l'ambiance. Elle n'arrête jamais de chanter, de faire des blagues et, bien sûr, de trouver une excuse pour organiser une fête. C'est normal, rien ne lui fait plus plaisir que le sourire de ses amies... sauf les bonbons !

Applejack

Pas de doute, Applejack a les sabots sur terre ! Elle peut rivaliser avec les meilleurs cow-boys au lasso. Comme elle travaille dans les champs, elle se moque de son apparence. Le plus important, c'est qu'elle est très raisonnable, ce qui impressionne ses amies !

Rarity

À Poneyville, Rarity est la reine de la mode ! Normal : c'est une licorne aussi belle que coquette. Ce que Rarity déteste le plus, c'est se salir. Elle adorerait tout relooker : la ville, la nature, et surtout les poneys d'Équestria ! Heureusement, ses amies savent qu'elle est aussi belle à l'intérieur qu'à l'extérieur.

Fluttershy

Fluttershy est tout simplement adorable ! Le poney ailé passe ses journées à prendre soin des animaux qui l'entourent. Ce qui explique pourquoi elle est si timide ! Mais quand il faut protéger ses amies, ni une ni deux, elle sort de sa coquille !

Rainbow Dash

Rainbow Dash est une véritable fusée ! Le poney ailé traverse les nuages à toute vitesse. Elle vit pour l'aventure. Et même si elle a tendance à régler les problèmes par la force, c'est une amie loyale et fidèle !

Princesse Célestia

Vivant dans son merveilleu château de Canterlot, la princess Célestia règne sur Équestri Elle possède des pouvoir fantastiques ! Elle es bienveillante et sage, et tou les poneys l'admiren D'ailleurs, elle conseill souvent Twilight Sparkl On dit qu'elle tient sa sagess de son âge : elle aura plus de mille ans

Princesse Luna

Autrefois, la princesse Luna, la souveraine de la nuit, était très jalouse de sa grande sœur, la princesse Célestia. Elle est devenue si méchante que celle-ci a été obligée de la bannir mille ans sur la Lune. Heureusement, les deux sœurs se sont réconciliées !

chapitre 1

Une élève trop sérieuse

Au château de Canterlot, Twilight Sparkle est l'élève très appliquée de la princesse Célestia. Du matin jusqu'au soir, elle est plongée dans ses livres de magie-poney ! Elle ne s'amuse jamais... Son secrétaire particulier, le dragonnet Spike, en a ras la crête !

Aujourd'hui, c'est le pompon : Twilight a trouvé dans un grimoire une vieille légende qu'elle prend très au sérieux.

— Cette légende raconte qu'une licorne maléfique est emprisonnée sur la lune. Elle s'échappera au bout de mille ans, pendant la nuit la plus courte de l'année, et plongera alors le monde dans une nuit éternelle ! Seuls les Cinq Éléments d'Harmonie peuvent

sauver Équestria de cette abominable malédiction...

Aussitôt, Twilight dicte une lettre à Spike pour avertir la princesse Célestia du danger.

Le dragonnet essaie de protester :

— La princesse est très occupée à préparer le millénaire de la Fête du Soleil d'Été qui a lieu après-demain !

— Justement, la malédiction doit se réaliser pendant cette fête ! Il ne nous reste que deux jours pour empêcher ça !

Grâce à son souffle magique, Spike envoie la lettre. Twilight est contente car le dragonnet reçoit presque aussitôt la réponse par retour de flamme :

« *Ma très chère élève, je te demande de cesser de lire ces vieux livres poussiéreux ! Tu vas descendre à Poneyville pour surveiller les préparatifs de la Fête du Soleil d'Été. Et surtout, je te charge d'une mission de la plus haute importance : te faire des amis. »*

Twilight en a la mâchoire qui se décroche de stupeur. Mais comme c'est une élève obéissante, elle fait ses bagages.

Peu après, la licorne et son secrétaire sont en route. Tiré par deux chevaux volants, le carrosse royal traverse le ciel entre Canterlot et Poneyville.

Le voyage est agréable, mais Twilight est complètement abattue. Des amis ? À quoi ça sert ? Quelle perte de temps !

La seule chose qui la console, c'est que la princesse lui a fait installer une chambre dans la bibliothèque. D'ailleurs, Twilight a un plan. « Je vais m'occuper des préparatifs de la fête aussi vite que possible, et dès que j'ai fini, je pars à la recherche des Cinq Éléments d'Harmonie pour sauver Équestria ! »

Bientôt le carrosse arrive à destination. Spike encourage Twilight :

— Peut-être que les poneys de Poneyville sont sympas et que tu te feras vite des amis. Essaie, au moins !

Voilà justement Pinkie Pie qui arrive à leur rencontre. Twilight se force à lui sourire.

— Salut !

En guise de réponse, Pinkie Pie pousse un « Aaaaah ! » strident et part comme une flèche.

— Tu as raison, se moque Twilight, ils sont très sympas par ici !

chapitre 2

Les préparatifs

Spike a fait une liste de tout ce que Twilight doit vérifier : la nourriture, la météo, la musique et la décoration.

C'est Applejack qui est chargée de la nourriture. Twilight

va la voir à la Ferme des Douces Pommes. Pour lui dire bonjour, Applejack lui secoue la patte comme si elle secouait la branche d'un pommier ! Puis elle appelle toute sa famille : une vingtaine de poneys...

— Tu fais déjà partie de la famille ! déclare Applejack.

Twilight ne saute pas de joie ! En plus, pour ne pas vexer les poneys, elle est obligée de rester à déjeuner.

Quand la très sérieuse élève de la princesse ressort de la Ferme des Douces Pommes, son ventre touche presque le sol !

Spike consulte sa liste :

— La météo, maintenant ! Un

petit poney qui s'appelle Rainbow Dash est censé nettoyer le ciel...

Twilight lève les yeux : il y a plein de nuages.

— On ne peut pas dire qu'elle fasse du bon travail !

La suite confirme ses craintes. Arrivant sur elle comme une fusée, Rainbow Dash la fait rouler dans la boue ! Pour réparer sa maladresse, elle va chercher un nuage, saute à pattes jointes dessus pour faire tomber de la pluie sur Twilight, avant de la sécher en tournant autour d'elle à toute vitesse.

Quand l'opération est finie, la licorne a une coiffure si étrange

que les mots manquent pour la décrire… à part peut-être « gloups » !

Twilight grogne :

— Je suis chargée de m'assurer que le ciel sera dégagé pour la fête. Ça m'a l'air mal parti !

— Je te parie qu'en dix secondes, je règle le problème…

Pari tenu ! En dix secondes, Rainbow Dash envoie les nuages voler au loin après une série de ruades et de loopings. Twilight en a le souffle coupé !

— Les décorations, maintenant, poursuit Spike.

Ils arrivent au carrousel de Rarity. La jolie licorne blanche a vraiment créé un décor merveilleux ! Twilight est satisfaite : elle va pouvoir passer sans attendre au dernier point de sa liste. Sauf que Rarity vient de remarquer une dernière chose à embellir : Twilight elle-même !

— Qu'est-il arrivé à votre

coiffure, très chère ? s'écrie-t-elle, horrifiée.

Trois secondes après, Twilight se retrouve dans le salon d'essayage de la reine de la mode de Poneyville. Une fois la licorne recoiffée, Rarity veut la relooker. Twilight

s'enfuit dès qu'elle a le dos tourné !

— Filons avant qu'elle ne veuille me faire une teinture !

Le dernier point à vérifier sur la liste de Spike, c'est la musique. Justement, les deux compagnons entendent dans les rues du village un merveilleux concert d'oiseaux.

Fluttershy est en train de les faire répéter, mais ils s'enfuient en voyant ces inconnus.

Twilight s'excuse :

— Je suis vraiment désolée d'avoir fait peur à tes oiseaux.

C’était magnifique !

Fluttershy se cache derrière une mèche de sa crinière rose. Elle ne peut pas répondre tellement elle est intimidée ! Mais tout à coup, elle aperçoit Spike :

— Un bébé dragon ! Je n’en avais encore jamais vu ! Il est si mignon...

— Enfin quelqu'un qui le remarque ! s'écrie Spike, tout content.

— Et en plus, il sait parler !

Maintenant, Fluttershy n'est plus du tout timide, elle est devenue un vrai pot de colle ! Twilight est même obligée de

lui claquer au nez la porte de la bibliothèque pour être tranquille. La licorne soupire :

— J'ai besoin d'être un peu seule sans que des poneys surexcités essaient de devenir mes amis ! Où donc est la lumière ?

chapitre 3

Une fête ratée

Twilight appuie sur l'interrupteur et là, surprise ! Tout Poneyville est rassemblé, avec des ballons et des confettis.

Pinkie Pie saute comme une puce autour de Twilight.

— Tu te souviens de moi ? Tu m'as dit bonjour et j'ai crié : « Aaaaah » ! C'est parce que tu es nouvelle ! Et si tu es nouvelle, ça veut dire que tu n'as pas encore d'amis… Alors j'ai eu l'idée d'organiser une fête. C'est pour ça que j'ai crié « Aaaah » !

Twilight est complètement étourdie. Elle décide de boire un verre pour se remettre de ses émotions. Manque de chance, elle s'est trompée et a pris une bouteille de piment ! C'est la goutte qui fait déborder le vase. La bouche en

feu, elle va se coucher !

La pauvre licorne se met au lit, un oreiller sur la tête. Évidemment, elle n'arrive pas à dormir : à quatre heures du matin, tout le monde fait encore la fête, même Spike ! Les poneys de cette ville sont complètement fous !

Twilight regarde la lune par la fenêtre en frissonnant. Selon la légende, la licorne maléfique en descendra demain, avant le lever du soleil…

— J'espère que la princesse a raison et que cette légende n'est qu'un vieux conte de poney !

De toute façon, ça ne vaut plus le coup de dormir, maintenant ! La princesse Célestia va arriver d'une minute à l'autre pour célébrer le millénaire de la Fête du Soleil d'Été.

Spike sur son dos, Twilight rejoint le carrousel. Tous les poneys sont déjà rassemblés autour de la scène et piaffent d'impatience, Pinkie Pie en tête.

— Je n'ai jamais été aussi excitée ! Sauf peut-être quand je t'ai vue et que j'ai crié : « Aaaah » !

L'orchestre d'oiseaux de Fluttershy est en place et, enfin, le maire prend la parole :

— Mes chers poneys, nous allons assister à la magie du lever du soleil. C'est un grand honneur pour moi d'accueillir la princesse Célestia !

Le rideau s'ouvre et... personne !

Pinkie Pie est ravie.

— Elle joue à cache-cache, n'est-ce pas ?

Twilight ne répond pas, la gorge serrée. Tout à coup, un nuage sombre envahit la scène. Une licorne noire aux immenses ailes et au visage masqué en sort...

Les habitants de Poneyville poussent un cri épouvanté. Ils n'avaient encore jamais vu un poney méchant...

— Savez-vous qui je suis ? demande la licorne sombre d'une voix menaçante.

Pinkie Pie essaie de deviner :

— Vous ne seriez pas la Reine de Pique ? Ou l'Étalon Noir ? Oui, l'Étalon Noir !

Twilight s'avance, l'air grave.

— Moi, je sais qui vous êtes : vous êtes la licorne de la lune, la souveraine de la nuit !

— Alors tu sais pourquoi je suis ici. Le jour qui vient de passer était le dernier. À partir de maintenant, la nuit régnera pour toujours sur Équestria !

— Attrapez-la ! commande le maire à ses gardes pégases.

Mais, de son seul regard, la licorne de la lune les renverse par terre. Éclatant d'un rire démoniaque, elle se transforme en brume et disparaît par la fenêtre.

chapitre 4

Les Cinq Éléments

Le jour ne s'est pas levé... La pleine lune brille toujours dans le ciel. Est-ce que ce que le soleil reviendra ? En attendant, Spike, épuisé, s'est endormi.

Rainbow Dash, Rarity, Fluttershy, Pinkie Pie et Applejack rejoignent Twilight à la bibliothèque. Pinkie Pie est peut-être fofolle, mais c'est elle qui trouve le livre sur les Éléments d'Harmonie : à la lettre « E », tout simplement !

Twilight lit :

— « En réalité, il existe *six* Éléments d'Harmonie, mais seuls cinq sont connus : la Bonté, l'Humour, la Générosité, l'Honnêteté et la Loyauté.

Le sixième reste un parfait mystère. » Il est aussi écrit que les Cinq Éléments se trouvent dans un vieux château au fond de la Forêt Désenchantée.

Personne ne s'aventure jamais dans cette forêt, surtout de nuit...

— Je préfère y aller seule, décide Twilight.

— Pas question, on t'accompagne !

La licorne soupire. Impossible d'échapper à ces poneys !

La troupe s'enfonce dans la Forêt Désenchantée sans se rendre compte qu'une brume maléfique les suit. En fait, cette brume n'est autre que la licorne de la lune ! Elle a décidé de piéger les petits poneys.

Soudain, le chemin s'écroule sous leurs pattes. Applejack se raccroche à une racine et rattrape de justesse Twilight au bord du précipice...

— Laisse-toi tomber !

— Tu as perdu la tête ?

— Fais-moi confiance, je te promets qu'il ne t'arrivera rien.

Twilight regarde Applejack.

Il y a tant d'honnêteté dans ses yeux qu'elle la croit. Elle tombe en hurlant, mais ses cris s'arrêtent vite : Fluttershy et Rainbow Dash l'ont rattrapée au vol...

La souveraine de la nuit prépare aussitôt un autre piège : elle se métamorphose en épine…

Au détour du chemin, un monstre rugissant se dresse devant le petit groupe.

— Une manticore ! s'écrie Twilight.

Tous les petits poneys foncent sur elle, bille en tête, sauf Fluttershy. Le poney ailé, d'habitude si timide, hurle de toutes ses forces :

— Attendez !

La manticore lève la patte sur elle, mais Fluttershy lui sourit avec bonté.

— Oh, je vois que tu as une épine dans la patte, pauvre bébé ! Laisse-moi faire. Ça va piquer pendant une seconde, puis ce sera fini.

Un instant plus tard, la manticore lèche Fluttershy avec reconnaissance. Encore raté pour la licorne masquée !

À présent, la forêt s'est resserrée. Il n'y a que des troncs

d'arbres morts et des branches tordues. On ne voit rien ! La brume maléfique en profite pour se glisser à l'intérieur des troncs. Les arbres ont maintenant des visages avec de grandes dents ! Les petits poneys hurlent. Elles vont se faire manger !

— Pinkie, sauve-toi ! crie Twilight.

Mais Pinkie Pie réagit avec humour et trouve même le moyen de chanter. Aussitôt, tous les visages effrayants disparaissent comme par magie !

Les six poneys repartent donc gaiement.

Elles arrivent ensuite devant un torrent furieux dans lequel un serpent de mer pleure à chaudes larmes.

— J'étais assis tranquillement, quand une méchante brume m'a chipé ma moustache ! Vous voyez combien je suis vilain comme ça !

Rarity est indignée.

— Il a raison, c'est très grave !

Et la licorne coquette se coupe généreusement un morceau de sa propre queue pour la transformer en moustache !

De joie, le serpent de mer forme un pont avec ses anneaux pour les petits poneys.

Hourra ! Elles aperçoivent enfin le château !

Le pont suspendu qui y mène est tombé, mais Rainbow Dash plonge pour aller le chercher.

C'est alors que, dans un nuage de fumée, trois pégases de compétition apparaissent devant elle.

— Nous sommes la meilleure équipe aérienne de la Forêt Désenchantée, et bientôt, nous serons également la meilleure d'Équestria. Il nous faut donc le meilleur capitaine : toi, mentent-ils.

Rainbow Dash fait un bond de joie de cinq mètres.

— Laissez-moi juste remettre ce pont et je suis à vous.

Les faux pégases ripostent :

— Non ! Ce sont elles ou nous !

— Alors ce seront elles… Tant pis, rétorque la loyale Rainbow Dash.

Deux secondes plus tard, le pont est attaché et les petits poneys sont passés !

chapitre 5

Princesse Luna

Enfin les petits poneys sont au château ! Cinq morceaux de cristal les attendent : les Cinq Éléments d'Harmonie.

Twilight explique :

— D'après le livre, lorsque les Cinq Éléments sont rassemblés, une étincelle fait apparaître le sixième.

Twilight se concentre sur le pouvoir de sa corne magique pour faire jaillir l'étincelle. En vain…

Soudain, une brume l'enveloppe et elle disparaît avec les cristaux !

Tandis que les autres petits poneys cherchent partout leur amie, Twilight se retrouve dans une salle éloignée du château. La licorne de la lune est là, entourée des cristaux...

— Tu n'es qu'une idiote, tu pensais pouvoir me battre !

Et, d'un coup de sabot, elle brise les cristaux.

Mais à cet instant, les autres petits poneys arrivent :

— Twilight, on est avec toi !

Le cœur de Twilight bondit de joie dans sa poitrine. Elle sent comme une... étincelle !

— Vous pensiez pouvoir détruire les Éléments d'Harmonie si facilement, souveraine de la nuit ? Eh bien vous vous trompiez. Car ces Éléments d'Harmonie se trouvent ici même, dans cette pièce : Applejack représente l'honnêteté, Flutteshy la bonté, Pinkie Pie l'humour, Rarity la générosité et Rainbow Dash la loyauté !

Twilight ne se trompe pas, car un petit morceau de cristal brille maintenant au-dessus de chaque petit poney.

La licorne maléfique ricane :

— Il vous manque toujours le sixième Élément, je n'ai vu aucune étincelle...

Twilight sourit.

— Oh, si ! Une sorte d'étincelle différente... Je l'ai ressentie au moment où j'ai réalisé à quel point je tenais à mes amies...

Aussitôt, le sixième cristal apparaît au-dessus de Twilight. C'est elle qui représente le sixième Élément : la magie !

L'harmonie des Six Éléments fait alors naître un arc-en-ciel qui s'enroule autour de la licorne masquée. Au même instant, les poneys aperçoivent un miracle par la fenêtre : le soleil se lève ! La princesse Célestia apparaît au milieu des rayons qui illuminent la pièce.

— Twilight Sparkle, mon élève fidèle et dévouée ! Je savais que tu y arriverais…

Twilight proteste :

— Vous m'aviez dit que ce n'était qu'un vieux conte de poney !

— Je t'avais dit que tu devais te faire des amies, rien de plus. Tu ne pouvais sauver Équestria que grâce à l'étincelle de l'amitié…

La princesse se tourne alors vers la licorne de la lune, qui revient à elle. Mais ce n'est plus la même : son masque est tombé et elle a rapetissé. Et elle ouvre un œil plus doux que celui d'une biche...

— Princesse Luna ! Je suis si heureuse de te retrouver ! s'écrie la princesse Célestia.

— Je suis vraiment désolée, grande sœur ! Tu m'as tellement manqué !

Les petits poneys observent ces retrouvailles avec stupéfaction. Ainsi la souveraine de la nuit et la princesse Célestia sont sœurs !

— J'ai une idée ! s'écrie Pinkie Pie : on va faire une super fête !

Peu après, Poneyville est couverte de guirlandes et de lampions. Les confettis pleuvent sur les deux princesses qui arrivent dans le carrosse royal.

Mais pourquoi Twilight est-elle si triste ? La princesse Célestia le devine. Elle appelle le secrétaire :

— Spike, prends note ! Moi, princesse Célestia, ordonne par la présente que la dévouée licorne Twilight Sparkle étudie la magie

de l'amitié. Elle me remettra régulièrement ses conclusions... depuis sa nouvelle demeure à Poneyville !

— Hourra ! crient les petits poneys en entourant Twilight.

Et les confettis pleuvent de plus belle sur les six amies réunies !

Fin

Tu veux savoir ce qui attend
les petits poneys ?
Alors tourne vite la page !

Tu attends avec impatience de retrouver Twilight et ses amies ? Découvre vite leur deuxième aventure dans *Le concours de pouvoirs.*

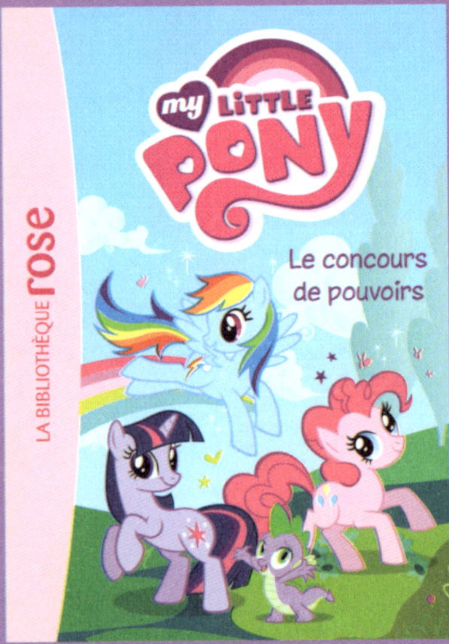

Surprise ! Une nouvelle débarque à Poneyville. Mais le moins qu'on puisse dire, c'est qu'elle n'est pas très agréable... Et puis, cette licorne se vante d'être la plus grande magicienne du royaume... alors que tout le monde sait que la meilleure, c'est Twilight ! Celle-ci va devoir faire une démonstration de ce qu'elle peut faire : Trixie, la licorne prétentieuse, n'a qu'à bien se tenir...

de l'amitié. Elle me remettra régulièrement ses conclusions... depuis sa nouvelle demeure à Poneyville !

— Hourra ! crient les petits poneys en entourant Twilight.

Et les confettis pleuvent de plus belle sur les six amies réunies !

Fin

Tu veux savoir ce qui attend
les petits poneys ?
Alors tourne vite la page !

Tu attends avec impatience
de retrouver Twilight et ses amies ?
Découvre vite leur deuxième aventure
dans *Le concours de pouvoirs.*

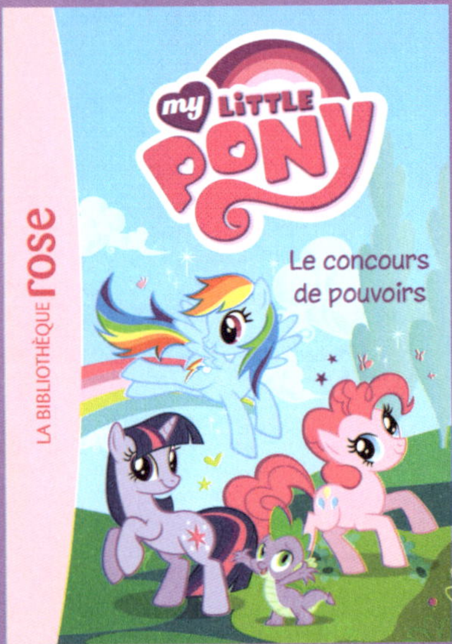

Surprise ! Une nouvelle débarque à Poneyville. Mais le moins qu'on puisse dire, c'est qu'elle n'est pas très agréable... Et puis, cette licorne se vante d'être la plus grande magicienne du royaume... alors que tout le monde sait que la meilleure, c'est Twilight ! Celle-ci va devoir faire une démonstration de ce qu'elle peut faire : Trixie, la licorne prétentieuse, n'a qu'à bien se tenir...

Spike a une excellente nouvelle :
es petits poneys ont plein d'autres
histoires à partager avec toi !

AOÛT

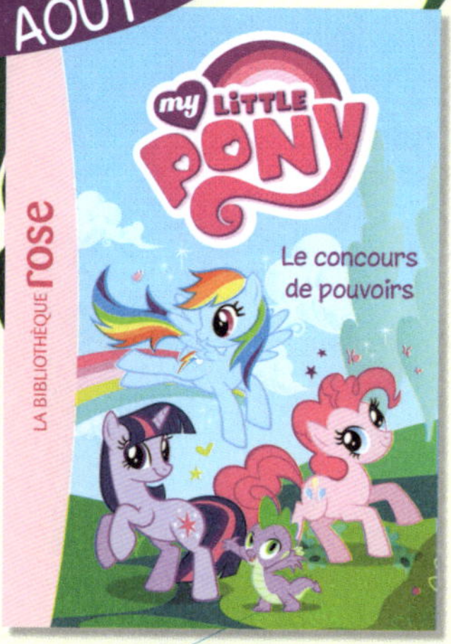

Tome 2

NOVEMBRE

Tome 3

Table

1. Une élève trop sérieuse 9

2. Les préparatifs 17

3. Une fête ratée 29

4. Les Cinq Éléments 39

5. Princesse Luna 51

PAPIER À BASE DE FIBRES CERTIFIÉES

hachette s'engage pour l'environnement en réduisant l'empreinte carbone de ses livres. Celle de cet exemplaire est de :
250 g éq. CO_2
Rendez-vous sur www.hachette-durable.fr

Photogravure Nord compo – Villeneuve d'Ascq

Imprimé en Espagne par CAYFOSA
Dépôt légal : juillet 2012
Achevé d'imprimer : novembre 2012
20.3072.4/02 – ISBN : 978-2-01-203072-5
Loi n°49-956 du 16 juillet 1949
sur les publications destinées à la jeunesse